BEI GRIN MACHT SICH IHR WISSEN BEZAHLT

AF143560

- Wir veröffentlichen Ihre Hausarbeit,
  Bachelor- und Masterarbeit

- Ihr eigenes eBook und Buch -
  weltweit in allen wichtigen Shops

- Verdienen Sie an jedem Verkauf

Jetzt bei www.GRIN.com hochladen
und kostenlos publizieren

GRIN ☺

Anonym

**Der Betriebsratsvorsitzende als Manager. Das Führungs-
rad nach Fredmund Malik**

GRIN Verlag

Bibliografische Information der Deutschen Nationalbibliothek:

Die Deutsche Bibliothek verzeichnet diese Publikation in der Deutschen National-
bibliografie; detaillierte bibliografische Daten sind im Internet über http://dnb.d-
nb.de/ abrufbar.

Impressum:

Copyright © 2014 GRIN Verlag GmbH
Druck und Bindung: Books on Demand GmbH, Norderstedt Germany
ISBN: 978-3-656-89719-4

Dieses Buch bei GRIN:

http://www.grin.com/de/e-book/288295/der-betriebsratsvorsitzende-als-manager-
das-fuehrungsrad-nach-fredmund

Der Betriebsratsvorsitzende als Manager am Beispiel des Führungsrades nach Fredmund Malik

Inhaltsverzeichnis

Abbildungsverzeichnis

1. Einleitung

Die Arbeit als Betriebsrat hat einen besonderen Stellenwert in einem Unternehmen. Die gewählten Betriebsräte sollen die Interessen der Mitarbeiter[1] vertreten und können in diesem Zusammenhang z. B. im Spannungsfeld zwischen dem Wohl der Mitarbeiter und den wirtschaftlichen Interessen der Geschäftsführung bzw. des Unternehmens stehen, das mit dem Wohl der Mitarbeiter größtenteils verknüpft ist. An öffentlich gewordenen Bespielen von Kameraüberwachung während der Arbeitszeit, dem Einschalten von Privatdetektiven zur Beobachtung von Mitarbeitern im Krankenstand oder auch dem Bezahlen von sog. Dumping-Löhnen, zeigt sich, dass Geschäftsführungen eigene Auslegungen von „guter Mitarbeiterführung" haben können. Werte, wie Respekt vor dem Menschen, Wertschätzung der von Mitarbeitern geleisteten Arbeit und Vertrauen in die Mitarbeiter werden, so zeigen die genannten Beispiele, immer wieder hinter wirtschaftlichen Interessen angesiedelt.

Betriebsratsvorsitzende koordinieren in der Regel die Kommunikation zwischen den Betriebsratsmitgliedern und zwischen dem Betriebsrat und der Geschäftsführung. Wenn es um das Gremium *Betriebsrat* geht, wird in der Regel von einem TEAM gesprochen, das Entscheidungen über Mehrheitsbeschlüsse hergestellt. Doch Entscheidungen des Betriebsrats müssen vorbereitet und notwendige Informationen an Betriebsratsmitglieder weitergegeben werden. Gleiches gilt für die regelmäßig stattfindenden Sitzungen, in denen mögliche Beschlüsse gefasst werden. Vorbereitung von Sitzungen und Einholen bzw. Erhalten von Informationen kann eine Aufgabe des Betriebsratsvorsitzenden sein, wie die nächsten Abschnitten zeigen werden. In vielen Fällen ist der Betriebsratsvorsitzende oder sein Stellvertreter zusätzlich Ansprechpartner für Außenstehende, wie Rechtanwälte und Gewerkschaftsvertreter.

In vielen Fällen hat ein erstmals gewählter Betriebsratsvorsitzender keine Erfahrung mit der Arbeit in Gremien und den zu managenden Aufgaben. Über diverse Unternehmen und Gewerkschaften werden für BRV spezielle Seminare angeboten die sich u. a. mit Führungsfragen beschäftigen. In der Regel (Anlagen 1 a-d), wird sich dabei an den klassischen Führungsmodellen und –stilen, systemischen Ansätzen oder der Arbeit im TEAM orientiert.

Diese Arbeit soll am Beispiel des Management-Ansatzes von Fredmund Malik (Mailk, 2006) darlegen in wie weit Betriebsratsvorsitzende Managementarbeit durchführen und welche ethischen Werte im Rahmen der Betriebsratsarbeit eine mögliche Rolle spielen können.

---

[1] Aus Gründen der besseren Lesbarkeit wurde die männliche Form gewählt, gemeint sind immer beide Geschlechter

2.   Rechtliche Hintergründe der Betriebsratsarbeit

Im Betriebsverfassungsgesetz (BetrVG) ist z.b. geregelt, ab wann ein Betriebsrat (BR) errichtet werden kann, welche Aufgaben ein BR und der Betriebsratsvorsitzende hat. Je nach Größe des Betriebes kann ein BR aus einer Person und bis zu über 40 Mitgliedern bestehen (BetrVG § 9). Die Anzahl der Betriebsratsmitglieder richtet sich i. d. R. nach der Anzahl der Arbeitnehmer (AN) zum Zeitpunkt der Wahl, die im gesetzlich vorgeschriebenen Zeitraum, vom 01.März bis 31. Mai, alle vier Jahre stattfindet (§ 13 Abs. 1). Ausnahmen von diesem Rhythmus sind zulässig und im § 13 Abs. 2 beschrieben. In Betrieben ab 200 Arbeitnehmern ist ein Betriebsratsmitglied von der regulären Arbeit freizustellen (§ 38 Abs. 1). Die Anzahl der Freistellungen steigt mit Anzahl der AN und kann über 20 Personen in Großbetrieben betragen. Die Freistellungen können auch in Form von Teilfreistellungen erfolgen, so dass rechnerisch immer eine bestimmte Anzahl von Vollzeitstellen für die betriebsrätliche Arbeit eingeplant werden sollten.

Die Mitglieder des BR können aus unterschiedlichen Berufsgruppen, mit unterschied-lichen Bildungsabschlüssen, aus unterschiedlichen Hierarchieebenen und verschiedenen Nationalitäten bestehen. Daraus ergeben sich vielfältige Interessen sowie materielle und immaterielle Wertesysteme, die es im Rahmen der betriebsrätlichen Arbeit zu berücksichtigen bzw. auszudiskutieren gilt. Zusätzlich ist das Wertesystem einer GF, unabhängig von evtl. vorhandenen Leitlinien, zu berücksichtigen.

Bei der Arbeit als BR handelt es sich um ein Ehrenamt, für das keine zusätzliche Ver-gütung bezahlt wird (§ 37 Abs. 1-3). Für die Arbeit als BR sind die Mitglieder von ihrer ori-ginären Arbeit freizustellen und mögliche anfallende Zeiten außerhalb der regulären Arbeits-zeiten sind in Freizeit oder finanziell abzugelten.

Wenn mehrere Betriebsräte in einem Unternehmen bestehen, ist ein Gesamtbetriebsrat zu bilden, in den Mitglieder der jeweiligen Betriebsräte, per Beschluss, entsendet werden. Besteht im Sinn des § 18 Aktiengesetzes (§ 54 BetrVG) ein Konzern, so können die Gesamt-betriebsräte per Beschluss einen Konzernbetriebsrat bilden. Eine hierarchische Struktur zwi-schen den beschriebenen Gremien besteht nicht.

Auf andere Vertretungen der Arbeitnehmer wie z. B. Mitarbeitervertretungen in Tendenzbetrieben[2], Jugend- und Auszubildendenvertretung oder Schwerbehindertenvertretung wird in diesem Zusammenhang nicht eingegangen.

2.1 Aufgaben des Betriebsrates

Betriebsräte haben verschiedene Aufgaben in einem Betrieb zu erfüllen und stehen in regelmäßigem Kontakt mit der Geschäftsführung (GF) des Unternehmens. Zu den in § 80 BetrVG aufgeführten allgemeinen Aufgaben des BR gehören z. B.

- das zugunsten der AN geltende Gesetze, Verordnungen, Unfallverhütungsvorschriften usw. durchgeführt werden;

- Durchsetzung der tatsächlichen Gleichstellung von Frauen und Männern, insbesondere bei der Einstellung, Beschäftigung, Aus-, Fort- und Weiterbildung usw. zu fördern;

- die Eingliederung von Schwerbehinderten und sonstiger besonders schutzbedürftiger zu Personen zu fördern;

- die Beschäftigung älterer Arbeitsnehmer im Betrieb zu fördern;

- die Beschäftigung im Betrieb zu fördern und zu sichern;

- Maßnahmen des Arbeitsschutzes und des betrieblichen Umweltschutzes zu fördern.

Um diese beispielhaft aufgeführten Aufgaben erfüllen zu können, sind im BetrVG für Arbeitgeber (AG) verschiedene Unterrichtungs-, Erörterungspflichten, Anhörungs-, Erörterungs-, Unterrichtungs- Beratungs- und Mitbestimmungsrechte gegenüber den AN und dem BR festgeschrieben (§§ 81-113). Abbildung 1 zeigt die Beteiligung von Betriebsräten in unterschiedlichen Bereichen, die die AN oder das Unternehmen betreffen inkl. der dazugehörenden Paragraphen des BetrVG. Zusammenfassend lässt sich feststellen, dass der BR aus fast allen Bereichen des Unternehmens Informationen von der GF erhält und diese in Sitzungen analysiert. Der BR kann der GF Vorschläge unterbreiten, aktiv werden und über die Mitbestimmung bei z. B. personellen Angelegenheiten oder bei der Festlegung von Beginn und Ende der tägliche Arbeitszeit in das betriebliche Geschehen eingreifen. Der BR ist der GF gleichgestellt und nicht weisungsgebunden.

---

[2] Nach § 118 BetrVG handelt es sich um Tendenzbetriebe, wenn es sich z. B. um eine Religionsgemeinschaft handelt; das Unternehmen erzieherische, politische wissenschaftliche oder künstliche Zwecke verfolgt. Teile des oder das ganze BetrVG gelten für derartige Unternehmen nicht. Gewählte Mitarbeitervertreter von Tendenzbetrieben, haben, im Vergleich zu Betriebsräten, demnach nur eingeschränkte Mitbestimmungsmöglichkeiten.

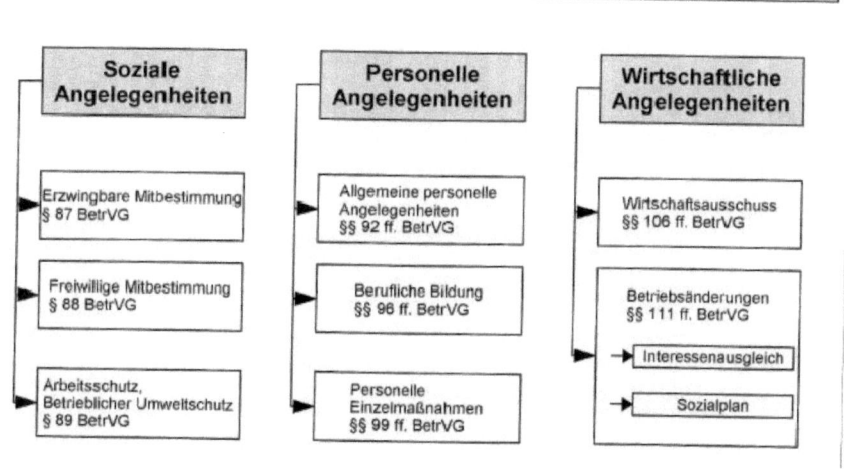

Abbildung 1: Gegenstände der Betriebsratsbeteiligung; Knoop, Huber, Habermayer 2012/2013:417

2.2   Aufgaben des Betriebsratsvorsitzenden

Die Geschäftsführung des Betriebsrates übernimmt der Betriebsratsvorsitzende (BRV), der aus der Mitte der BRs-Mitglieder (BRM) gewählt wird (§26 BetrVG). Ebenfalls gewählt wird ein Stellvertreter des BRV. Beide sind berechtigt Erklärungen z. B. des AG, die dem BR gegenüberabzugeben sind, entgegen zu nehmen. Zu diesen Erklärungen gehören beispielsweise:

-   Übergabe von personellen Angelegenheiten wie Einstellungen, Versetzungen, Umgruppierungen und Kündigungen;
-   Informationen zu Betriebsänderungen wie ganze oder teilweise Schließung von Betriebsteilen oder Verlegung von Betriebsteilen;
-   Vorlage von Betriebsvereinbarungen

Besteht ein BR aus neun und mehr Mitgliedern, wird ein Betriebsausschuss gewählt, der aus dem BRV, dem Stellvertreter und ggf. weiteren gewählten BRM bestehen kann. Der Betriebsausschuss führt dann die laufenden Geschäfte des BRs. In kleineren Betriebsratsgremien können die laufenden Geschäfte auf andere BRM übertragen werden. Eine hierarchische Struktur zwischen den BRM und dem BRV besteht nicht.

Zu den originären Aufgaben der BRV gehören z. B.

- Einberufen von regulären und außerordentlichen Sitzungen inkl. erstellen der Tagesordnung und die Leitung der Sitzungen,
- Leiten der vier Mal jährlich stattfindenden Betriebsversammlungen,
- Unterschreiben von Betriebsvereinbarungen.

Abbildung 2 zeigt die gesamten Aufgaben der BRV inkl. der dazu gehörenden rechtlichen Hintergründe des BetrVG.

Abbildung 2: Aufgaben des Betriebsratsvorsitzenden; Knoop, Huber, Habermayer 2012/2013:409

Zusammenfassend lässt sich feststellen, dass der BRV zwar die Geschäfte des Betriebsratsgremiums allein oder mit Unterstützung führt, aber keine alleinigen Entscheidungen im Rahmen betriebsrätlicher Aufgaben fällt. Der BRV leitet die regelmäßig stattfindenden Sitzungen, nimmt Informationen der Geschäftsführung entgegen, koordiniert Termine und Ausschüsse, die gebildet werden können. Er hat damit Aufgaben, die zu Führungsaufgaben gezählt werden, die, je größer das Gremium ist, komplexer werden. Dazu gehören z. B. die Beobachtung von gruppendynamischen Prozessen, Erkennen und Bearbeiten von möglichen

Konfliktsituationen im Gremium und Leiten von Diskussionen. Zu den originär anfallenden Arbeiten gehören z. B. die Weitergabe von Informationen der GF an die BRM und Kommunikation mit der GF im Auftrag des Gremiums.

3. Führungsansatz von Fredmund Malik

Malik (2006) geht in seinen Formulierungen von einer *wirksamen Führung*[3] aus. Er bezieht sich u. a. auf Beobachtungen, die er im Rahmen seiner Tätigkeit als Seminarleiter, Unternehmensberater und Unternehmer gemacht hat. Ihm geht es nicht um bestimmte Führungsstile oder Persönlichkeitsmodelle. Für ihn ist Management etwas, das gelernt werden kann und muss, um wirksam zu sein. Die klassische Betriebswirtschaftslehre, die er zu den Sachaufgaben zählt, ist für ihn nicht die alleinige Entscheidungsgrundlage. Management besteht für ihn aus Aufgaben und Werkzeugen, die grundsätzlich benötigt werden. Er erklärt dies immer wieder an Beispielen aus dem handwerklichen Bereich, in denen es um die Handhabung des richtigen Werkzeugs in der richtigen Situation geht. Der Einsatz eines Werkzeugs kann in seinen Augen nur gelingen, wenn die Werkzeuge beherrscht und in der passenden Situation eingesetzt werden. Durch Übung kann eine Sicherheit im Umgang erreicht werden, die auch auf neue ggf. problematische Situationen übertragen werden kann.

Beim Lesen seines Ansatzes sind z. B. Aspekte der Arbeitssicherheit und –organisation, Qualitätssicherung und der Ethik erkennbar, die nicht immer als solche formuliert werden. Im Rahmen der Ethik sind Werte wie Verantwortung und Vertrauen zentrale Elemente, sowie z. B. Fürsorge, Wohlwollen und Respekt bzw. ein respektvoller Umgang vorhanden.

3.1 Das Führungsrad

Malik (2006) stellt sein Führungsmodell in Form eines Rades (Abb. 3) dar. Er geht davon aus, wer die aufgeführten Elemente logisch und inhaltlich beherrscht, diese in unterschiedlich schwierigen Situationen anwenden kann, der managt gut und richtig. Er trennt zischen (Sach)Aufgaben und Werkzeugen sowie zwischen Routine (Management von Bekanntem) und neuen Aufgaben (Management von Neuem). Verantwortung, Kommunikation und Grundsätze einer wirksamen Führung bilden für ihn zentrale Elemente, die für alle Aufgaben und Werkzeuge gleichermaßen gelten und somit von großer Bedeutung sind. Er betont (S. 20), dass richtiges Management *jeden und jede* betrifft. Er begründet dies folgendermaßen: *„...weil in der Gesellschaft niemand mehr richtig erfolgreich sein kann, wenn er keine grund-*

---

[3] Malik geht es bei dieser Formulierung um die Handlungsebene und nicht um das mögliche (Fach)Wissen, dass eine Führungskraft mitbringt.

legenden Managementfähigkeiten hat. [...] Zumindest muss jede Person fähig sein, sich selbst zu managen. Richtiges Management zu beherrschen bedeutet also Lebenstüchtigkeit. " In den folgenden Abschnitten sollen einige Teile des Führungsrades kurz erläutert und in Zusammenhang mit den Aufgaben eines BRV gebracht werden. Aus den Grundsätzen wirksamer Führung wurden *Stärken nutzen* und *Vertrauen* ausgewählt. Aus den von Malik vorgeschlagenen Werkzeugen wurden *Sitzungen* und *Der Bericht* bearbeitet.

Abbildung 3: Führungsrad nach Malik; Malik 2006:378

3.2   Grundsätze wirksamer Führung

In seiner Einführung zu den *Grundsätzen wirksamer Führung* (S. 77ff) schreibt Malik, dass er seine Grundsätze für einfach hält, aber schwierig in der Umsetzung, da dies mit Disziplin, trotz Prinzipien mit Flexibilität zu tun hat und die Anwendung im Einzelfall durch komplexe Umstände erschwert werden kann. Ausbildung und Erfahrung sind für Malik der Schlüssel zur Anwendung seiner Grundsätze. Er zählt dazu:

- Resultatorientierung,
- Beitrag zum Ganzen,
- Konzentration auf Weniges,
- Stärken nutzen,
- Vertrauen,
- Positiv denken.

3.2.1 Stärken nutzen

Malik (S. 122ff) führt aus, dass Führungskräfte häufig auf die Schwächen ihrer MA fixiert sind. Fehlende Kenntnisse, Fertigkeiten, Verständnis für und Einsicht in andere Aufgaben und Fachgebiete können, je nach Begabung, bei einem Mitarbeiter verbessert werden bzw. kann ein Verständnis für bestimmte Fachgebiete erreicht werden. Es geht Malik nicht darum, jemanden in defizitären Bereichen zu Höchstleistungen zu bringen, sondern eher um ein Grundverständnis für z. B. angrenzende Themen eines Arbeitsbereiches. Er zählt auch *schlechte Gewohnheiten* zu Schwächen und nennt beispielhaft Unpünktlichkeit, Nachlässigkeit oder, wenn jemand nie etwas wirklich zu Ende bringt. Diese Eigenarten, so nennt Malik diese Schwächen, lassen sich nur schwer oder gar nicht beseitigen. Im Rahmen eines respektvollen Miteinanders führt das Nutzen von Stärken zu besseren Ergebnissen als der dauerhafte Versuch, aus Schwächen Stärken machen zu wollen. Gleiches gilt für die Arbeit als BR.

3.2.1.1 *Stärken nutzen* als Betriebsratsvorsitzende

Je nach Art des Unternehmens und der Anzahl der BRM können nicht alle notwendigen Fach- und Sachkenntnisse, die das Unternehmen betreffen, im Gremium vorhanden sein. Für Grundlagen z. B. in Gesetzeskunde, Aufgaben eines BRV, wirtschaftliche Angelegenheiten oder das Erstellen von Betriebsvereinbarungen gibt es Schulungen, an denen BRM auf Kosten des AGs teilnehmen können. Es sind zusätzlich „Spezialisten" notwendig, die mehr als Grundlagenkenntnisse in den bereits aufgeführten Themen besitzen und in mögliche Ausschüsse entsendet werden können. Auf der einen Seite ist es möglich, dass sich durch die Teilnahme an Schulungen „Spezialisten" entwickeln, zusätzlich ist es sinnvoll, Personen mit speziellen EDV-Kenntnissen z. B. in den IT-Ausschuss zu entsenden, redegewandte BRM Verhandlungen führen zu lassen oder als BRV zu wählen.

Für eine wirksame Betriebsratsarbeit kann der Aspekt der *Stärken nutzen* für ein besseres Auftreten gegenüber der GF sorgen. Gleichzeitig gibt es eine Überschneidung mit der in Maliks Führungsrad angegebenen Aufgabe: *Fördern von Menschen* und hat zusätzlich mit Wertschätzung der einzelnen BRM, dem was diese beruflich machen und wie diese sich verhalten zu tun.

3.2.2 Vertrauen

Malik (S. 142) schreibt: „*Wenn und insoweit eine Führungskraft es geschafft hat, das Vertrauen ihrer Umgebung zu gewinnen und zu erhalten, hat sie etwas extrem wichtiges erreicht: sie hat eine robuste Führungssituation herbeigeführt...*" Er meint *robust* in dem Sinn, dass Fehler von Führungskräften, die täglich passieren von Mitarbeitern ausgehalten und verkraftet werden. Dies bedeutet nicht, dass es keine Konflikte oder Missstimmungen geben kann, sondern, dass Schwierigkeiten gelöst werden können, wenn eine vertrauensvolle Basis vorhanden ist.

Um Vertrauen zu schaffen, so Malik (S. 144), ist eine adäquate Fehlerkultur nötig, die u. a. das Eingestehen von Fehlern und den offenen Umgang mit Fehlern beinhaltet. Für ihn sind weitere Aspekte von Vertrauen z. B. Zuhören können, Echt sein und charakterlich integer sein.

3.2.2.1 *Vertrauen* als Betriebsratsvorsitzender

In § 2 Abs. 1 des BetrVG steht: „*Arbeitgeber und Betriebsrat arbeiten [...] vertrauensvoll [...] zum Wohl der Arbeitnehmer und des Betriebes zusammen.*". Vertrauen spielt somit sowohl im Betriebsratsgremium als auch in der Zusammenarbeit mit der GF eine Rolle.

Für die Arbeit des BRV ist das Vertrauen, das ihm von seinen Betriebsratskollegen entgegengebracht wird, eine wichtige Voraussetzung für seine Arbeit. Er ist in den meisten Fällen Verhandlungsführer in Gesprächen und Aushandlungsprozessen mit der GF und vertritt in der Regel die Meinung des Betriebsratsgremiums. In diesem Zusammenhang kann sowohl gegenseitiges Vertrauen und eine offene Gesprächsatmosphäre herrschen, als auch eine Stimmung des Misstrauens. Die kommunikative Ebene mit der GF hängt u. a. davon ab, ob sie den BR als *lästiges Übel* oder als *sinnvolle Ergänzung* für das Unternehmen sieht. Vertrauen ist keine Einbahnstraße.

Zusätzlich ist das Vertrauen der Belegschaft in den BR notwendig für eine wirksame Betriebsratsarbeit. Ein „Aushängeschild" ist der BRV, der im Rahmen von Betriebsversammlungen über die Arbeit des BR, das bedeutet z. B. Erfolge und Misserfolge, berichtet. Maliks Aspekte wie Zuhören können, Echt sein und charakterlich integer sein helfen das Vertrauen der Belegschaft zu gewinnen. Aus diesen Punkten ergibt sich der Grad der Glaubwürdigkeit bzw. des Vertrauens gegenüber eines BRV.

3.3   Werkzeuge wirksamer Führung

Wie in Abb. 3 dargestellt, hält Malik bestimmte Werkzeuge für unumgänglich für eine wirksame Managementarbeit. Eines dieser Werkzeuge heißt *Sitzungen*. Für seine Vorstellung von Management sollen so wenig Sitzungen wie möglich abgehalten werden. Er begründet dies u. a. damit, dass Sitzungen nicht nur Zeit benötigen, sondern Sitzungen auch weitere Termine nach sich ziehen, sowie mit erforderlicher Teamarbeit, die ebenfalls viele Sitzungen nach sich zieht.

Ein weiteres Werkzeug ist für Malik der Punkt *Reports, schriftliche Kommunikation.*
Für ihn ist schriftliche Kommunikation „...*eine außerordentlich effektive und effiziente Art
der Kommunikation.*" Aus seiner Sicht benötigt „...*Schriftlichkeit nicht mehr Zeit, sondern
weniger. Sie spart Zeit. [...]sie zwingt dazu, nachzudenken.*"

Für die Arbeit als BR bzw. BRV gehören Sitzungen und schriftliche Kommunikation
zu elementaren Dingen der durchzuführenden Arbeiten. Abstimmungen finden im Rahmen
von Sitzungen statt. Diese werden als Protokoll festgehalten. Aus rechtlichen Gründen ist es
häufig sinnvoll, Anfragen an die GF schriftlich zu verfassen.

3.3.1 Sitzungen

Malik (S. 278ff) versteht unter *Sitzungen* formelle Sitzungen wie z. B. Aufsichtsrats-
sitzungen, regelmäßig wiederkehrende Sitzungen, Treffen von Arbeitsgruppen, aber auch ein
kurzfristig anberaumtes Gespräch zwischen zwei Kollegen oder zwischen Vorgesetztem und
MA. Für ein wirksame Führung ist es, so Malik, unumgänglich alle Arten von Sitzungen vor
und nach zu arbeiten.

Zur Vorbereitung gehört eine Tagesordnung, die in der Regel vom Sitzungsleiter vorbereitet wird. Wichtig ist, dass dies nicht im Alleingang geschieht, sondern, dass anderen Sitzungsteilnehmern die Gelegenheit gegeben wird ebenfalls Tagesordnungspunkte einzubrin-
gen. Eine gut vorbereitete Tagesordnung strukturiert gleichzeitig den Ablauf der Sitzung. So
kann für jeden Tagesordnungspunkt ein geschätzter Zeitbedarf angegeben werden, um nicht
ins „plaudern" zu kommen. Malik (S. 276) ist der Ansicht, dass für jeden Tagesordnungspunkt ein Verantwortlicher bestimmt werden sollte. Sitzungsleitung und inhaltlich mitwirken
ist, aus seiner Sicht, eine Aufgabe, die so wenig wie möglich vorkommen sollte. Notwendige
Unterlagen sollen den Sitzungsteilnehmern rechtzeitig vorgelegt werden, damit eine inhaltli-
che Diskussion stattfinden kann.

Ein anderer Aspekt, den Malik (S. 287) aufgreift, ist die Realisierung von Beschlüssen
und das Verteilen von Aufgaben. Es ist der Ansicht, dass es keine Selbstverständlichkeit ist,
dass übertragene Arbeiten auch wirklich erledigt werden. Aus seiner Sicht gehört das Nach-
fassen zu den Aufgaben einer wirksamen Führung, schließlich geht es dabei um die Umsetzung von Entscheidungen, die ggf. das Geschehen des Unternehmens lenken. Eine Dokumen-
tation von Sitzungen in Form von Protokollen ist dabei ein unerlässliches Hilfsmittel.

3.3.2 Sitzungsleitung

Als Sitzungsleiter kann sich eine Führungskraft Respekt verschaffen, so Malik (S. 277). Für ihn gehören zur hohen Schule der Sitzungsleitung nur wenige Regeln. Dazu zählt er:

- Einhaltung des Zeitplans,
- höfliche, aber straffe Gesprächsführung,
- lückenlose Aufmerksamkeit für Wortmeldungen,
- ausreichend Pausen für biologische Bedürfnisse.

Er fasst zusammen, dass zur Sitzungsleitung Vorbereitung, Disziplin, Erfahrung und Zivilcourage gehören.

3.3.3.1 Betriebsratssitzung und deren Leitung

Im Rahmen der Arbeit von Betriebsräten kommen alle Formen von Sitzungen, wie Malik sie benennt, vor. So können, je nach Betriebsstruktur, z. B. Sitzungen auf Konzernebene als Konzernbetriebsratssitzungen oder im Wirtschaftsausschuss stattfinden. In den meisten Fällen finden einmal wöchentlich Sitzungen des örtlichen BR statt und es werden, bei Bedarf, Gespräche mit Kollegen geführt. Zusätzlich finden in regelmäßigen Abständen Sitzungen, sog. Monatsgespräche, mit der GF statt. Alle diese Sitzungen bedürfen einer guten Vor- und Nachbereitung, wie Malik sie beschreibt.

Für die regelmäßig stattfindenden BR-Sitzungen kann ein Betriebsausschuss oder in kleineren Gremien der BRV zuständig sein, der die Tagesordnung erstellt. Die Sitzung leitet in der Regel der BRV und ist damit hauptverantwortlich für die Struktur der Sitzung. Als Ansprechpartner für die GF gibt der BRV die erhaltenen Informationen der GF, eines Rechtsbeistandes oder einer Gewerkschaft im Rahmen der Sitzung weiter, stellt sie zur Diskussion und führt ggf. einen Beschluss herbei. Zusätzlich können Berichte von Ausschüssen, Gesprächen mit Kollegen oder Informationen von externen Sachverständigen abgegeben werden.

Im Verlauf der Sitzung schreibt ein Teilnehmer Protokoll, so dass alle besprochenen Tageordnungspunkte, eine mögliche Aufgabenverteilung und Beschlüsse festgehalten werden. Allein aus rechtlicher Sicht (§ 34 BetrVG) ist dies für die Arbeit des Betriebsrats unumgänglich. Nicht abschließend behandelte Themen können so erfasst und zu einem späteren Zeitpunkt auf die Tagesordnung einer der nächsten Sitzung genommen werden, um sie dann möglichst abschließend zu behandeln.

Zu den Aufgaben eines BRV gehört es ebenso die Erledigung von Aufgaben zu erfragen bzw. Zwischenberichte einzufordern. Dies gilt sowohl für BRM als auch für Aufgaben, die die GF in Absprache mit dem BR, erledigen sollte/muss. Dazu können aktuelle betriebswirtschaftliche Zahlen, Unterlagen zu Betriebsvereinbarungen oder Informationen zu z. B. Überstunden der MA, Aushilfen und Leiharbeitern gehören.

3.4   Der Bericht

Mit dem im Führungsrad angegebenen Punkt *Reports, schriftliche Kommunikation* ist der Abschnitt *Der Bericht* (S. 288ff) gemeint. Malik schließt dabei Protokolle, Aktennotizen, Geschäftsbriefe und Offerten mit ein. Beim Scheiben von Berichten unterscheidet Malik zwischen *Autor* und *Manager*. Ein Autor, so Malik, hat seine Gedanken formuliert und der Text ist absenderbezogen formuliert. Ein Manager fragt sich: *„Was soll dieser Bericht beim Empfänger bewirken?"*. Ein Bericht soll so umformuliert werden, dass er beim Empfänger möglichst die beabsichtigte Wirkung erzielt. *„Er muss empfänger- und leserorientiert umgestaltet werden."* Malik (S. 293) ergänzt, dass eine sachliche und logische Gliederung ebenso zu einem wirksamen Bericht gehört wie Klarheit, Prägnanz und Genauigkeit der Sprache. Er ist der Ansicht, dass Stichwörter nicht ausreichen, da sie zu viel Interpretationsspielraum zulassen und dass Grafiken so sparsam wie möglich und zielgruppengerecht eingesetzt werden sollten.

3.4.1 Schriftstücke von Betriebsräten, Betriebsratsvorsitzenden

Eines der wichtigsten Kommunikationsmittel des BR sind schriftlich verfasste Berichte aller Art. Die Ausführungen von Malik können meiner Ansicht nach in vollem Umfang auf die Arbeit von Betriebsräten bzw. deren Vorsitzenden übertragen werden. Es genügt nicht, der GF ein Schreiben zu kommen lassen, in dem die Gedanken der BRe formuliert sind. Ein Schreiben soll eine GF veranlassen etwas zu tun bzw. zu unterlassen. Nach mehreren Monatsgesprächen kann ein BR bzw. BRV herausfinden, wie ein GF sich gegenüber den BRen verhält bzw. positioniert und Schreiben entsprechend formulieren. Für einen GF mit einem betriebswirtschaftlichen Hintergrund sind ggf. andere Formulierungen und Erklärungen notwendig als für einen GF mit einem geisteswissenschaftlichen Hintergrund. Die Wirksamkeit der Betriebsratsarbeit kann mit empfängerorientierten Formulierungen verbessert werden. Ein Gegenlesen durch einen oder mehrere Gremiumsmitglieder kann diesen Effekt unterstützen.

4.   Der Betriebsratsvorsitzende als Manager

Die in dieser Arbeit bearbeiteten Aspekte, die Malik in seinen Führungsrad darstellt, und die für ihn zu einer wirksamen Führung gehören, treffen auf den BRV zu. Der Vorsitzende hat es im Rahmen seiner Arbeit mit unterschiedlichsten Berufsgruppen, Charakteren, Auffassungen von „guter" Betriebsratsarbeit sowie Wertesystemen zu tun, die es zu berücksichtigen gilt. Er ist mitverantwortlich für die Tagesordnung, die Durchführung von Aufgaben und Beschlüssen, er liest oder verfasst Schriftstücke, die in den stattfindenden Sitzungen beraten werden. Im Rahmen von Gesprächen mit der GF, in Betriebsversammlungen oder möglichen gerichtlichen Auseinandersetzungen vertritt er die Meinung des Betriebsratsgremiums. Je mehr Vertrauen ihm entgegengebracht wird, desto leichter ist in der Regel Betriebsratsarbeit. Über eine wirksame Managementarbeit kann dies sowohl gegenüber den Betriebsratskollegen als auch gegenüber der GF erreicht werden. Dies gelingt am ehesten, wenn sich in Sitzungen auf Vorstellungen und Ziele für die jeweiligen Themen geeinigt werden kann. Ein respektvoller Umgang mit BRM, die in Diskussionen andere Meinungen vertreten, sollte selbstverständlich sein.

Um die Aufgabe des BRV wirksam ausüben zu können, ist eine Selbstreflexion unumgänglich. Unterstützend können hier BRM sein, die konstruktiv Kritik üben und damit zur Reflexion anregen. In Betriebsratssitzungen können z. B. Gespräche mit der GF an der mehrere Personen teilgenommen haben oder Betriebsversammlungen noch einmal auf verschiedenen Ebenen bearbeitet werden. Als Austausch von allgemeinen Beobachtungen oder als Reflexion. In Form von Klausurtagungen kann ein ganzes Gremium, mit oder ohne professionelle Begleitung, seine Arbeit unter verschiedenen Gesichtspunkten und Zielen reflektieren.

Aus Maliks Vorstellungen von wirksamer Führungsarbeit gibt es weitere Aspekte, die sich auf die Arbeit von BRV Vorsitzenden übertragen lassen. Dazu gehören z. B. Arbeitsmethodik, zeitliche Budgets oder systematische Müllabfuhr. Bei Themen wie Leistungsbeurteilung oder Umgang mit Intriganten im Kapitel *Vertrauen* (S. 151) können BRe aus arbeitsrechtlicher Sicht eine andere Meinung als vertreten.

Das Führungsrad von Malik lässt sich meiner Ansicht nach, an manchen Stellen leicht verändert, auf die Arbeit von Betriebsratsvorsitzenden übertragen. Es kann zu einer werteorientierten Handlungsweise des Betriebsratsvorsitzenden sowie des ganzen Gremiums beitragen. In Gesprächen mit der Geschäftsführung können entsprechende Akzente gesetzt werden, so dass die Möglichkeit besteht, dass ein Geschäftsführer für eine Werteorientierung sensibilisiert wird.

Literaturverzeichnis

Knoop, P., Huber, C., & Habermayr, M. (2012/2013). *Gesetzestexte für die betriebliche Praxis.*
    Seehausen am Staffelsee: Verlag der betriebsrat KG.

Mailk, F. (2006). *Führen Leisten Leben - Wirksames Management für eine neue Zeit.* Frankfurt am
    Main: Campus Verlag GmbH.

Bundesministerium für Justiz und Verbraucherschutz: *Betriebsverfassungsgesetz*
http://www.gesetze-im-internet.de/bundesrecht/betrvg/gesamt.pdf

Zugriff am 24.08 2014

Anlagenverzeichnis

Anlagen

Exemplarische Auswahl von Seminaren für Betriebsratsvorsitzende

Anlage 1 a

BRV-Führerschein

http://www.ifb.de/betriebsrat/seminare/ausbildungsreihe/der-brv-fuehrerschein-59293.html

Anlage 1 b

Betriebsratsvorsitzender und Stellvertreter Teamarbeit an der Spitze des Betriebsrats

https://www.waf-seminar.de/seminargruppe/betriebsratsvorsitzender-und-stellvertreter/BR287

Anlage 1 c

Als Betriebsratsvorsitzende/rr sicher im Sattel

https://www.verdi-bub.de/seminare/seminarfinder/seminardetail/1300-1410141/

Anlage 1 d

Führungskompetenz für Betriebsratsvorsitzende 1-4

https://www.betriebsratsqualifizierung.de/seminar/215301665